BIOGRAPHIE

DE

PLON-PLON

(Prince Napoléon)

TROISIÈME ÉDITION

LONDRES-BRUXELLES

1870

PLON-PLON

BIOGRAPHIE

DE

PLON-PLON

(Prince Napoléon)

TROISIÈME ÉDITION

LONDRES-BRUXELLES

—

1870

PLON-PLON

Nous n'avons pas la prétention, comme certains peintres, de faire joli, mais de faire ressemblant. Ce portrait à la plume sera une photographie, aussi exacte que possible, du prince Plon-Plon. Nous retracerons sa physionomie d'abord au point de vue physique, puis nous analyserons son caractère, ses habitudes, ses passions, ses mœurs et ses vices.

Le prince Napoléon est très-orgueilleux de ressembler à son oncle, le tyran Napoléon Ier. Tous les jours il examine avec soin sa figure pour constater que son masque conserve toujours les traits du grand guerrier. Cette ressemblance bâtarde flatte outre mesure l'hôte du Palais-Royal, qui est loin d'être beau. Son gros corps pèse lourdement sur deux jambes qui ont bien de la peine à soutenir une aussi robuste charpente; le cou ramassé, court, fait présager une prochaine apoplexie. La figure ne serait pas désagréable, si elle respirait plus de franchise, si l'expression s'accusait par des traits accentués: on n'y retrouve pas le génie qui se manifestait sur le visage du vainqueur d'Iéna et d'Austerlitz. Le teint est souffreteux, boursoufflé, maladif; les joues replètes sont larges, mais elles retombent tristement. Hâtons-nous de dire que si cette figure est fatiguée, ce n'est point par des excès de travail. Le prince aime trop le *far niente* pour qu'on puisse supposer un instant que les veilles et les insomnies provoquées par des études sérieuses aient pu altérer ses traits.

Si nous étions le baron Gros nous le peindrions à cheval, mais le peintre n'est pas cavalier quoiqu'il en ait la prétention ; son abdomen écraserait la malheureuse échine du pauvre cheval qui le porterait. Certes, ce n'est pas lui qui, comme Richard III, céderait un royaume pour un cheval. Non, le prince Napoléon est beaucoup plus généreux. Qu'est-ce qu'un cheval pour lui, il donnerait tous ceux de la France et du monde pour être empereur.

Empereur, dira-t-on, mais le prince est républicain. Sans doute, lorsqu'il est au troisième, au second rang, il joue le rôle de libéral. On a du reste raison de n'accorder que peu de confiance aux hommes qui s'intitulent républicains après être nés et s'être reposés sur les degrés du trône.

Quand Napoléon III se taisait, il déléguait son cousin ; il le lançait dans le pays pour faire dire à la France ce qu'il n'osait pas lui dire lui-même et ce qu'il ne pensait pas. Son hypocrisie naturelle se révèle dans tous ses actes.

Le prince, qui vise à la popularité, ne néglige aucune occasion pour aller débiter à droite et à gauche ses discours qui étonnent d'autant plus qu'on en suspecte l'origine. Ce sont des appâts grossiers avec lesquels on a essayé de capter la confiance, le crédit, et de donner un regain de faveur à l'Empire.

Après la révolution de février 1848, le prince se tint à peu près ce langage : Ma foi, ma vocation est trouvée. Ma sœur Mathilde s'est mésalliée en épousant, parce qu'elle n'avait aucune fortune, un gentilhomme cent fois millionnaire, moi, je vais me rendre en France et faire les démarches nécessaires pour obtenir un siége parlementaire à l'Assemblée constituante.

Plusieurs de ses parents conçurent le même projet, entr'autres M. Pierre Bonaparte, devenu depuis célèbre dans les annales du crime par l'assassinat de Victor Noir, et qui ne doit son acquittement qu'à la bassesse et à l'intrigue.

Le prince Napoléon caressait deux rêves. Son cousin, le Napoléon du deux décembre n'était pas marié. Or, l'ombre chinoise du premier empereur était le plus proche du trône. Mais Napoléon III dérangea cette combinaison, en élevant au trône la comtesse de Théba, née de Montijo.

Le prince fut un peu déconcerté quand il apprit cette nouvelle. Il torturait en la frisant sa boucle napoléonienne.

Cependant il se résolut à faire contre mauvaise fortune bon cœur, et se rendit le lendemain à l'Elysée complimenter son cousin et sa future cousine. Il alla même jusqu'à consentir à signer le contrat de mariage. Par ce fait, Plon-Plon fut relégué au second plan, et ses espérances s'évanouirent comme un château de cartes.

Mais l'union restait stérile. L'héritier

présomptif ne venait pas au monde. M. Véron et M. Emile de Girardin se réjouissaient de cet état de choses, car l'empereur avait dédaigné leurs services et n'avait jamais voulu accéder à leurs désirs en leur donnant un portefeuille.

En 1853, quand la Russie brûla quelques vieux vaisseaux turcs à Sinope, il se dit : Les Français aiment la victoire : mon cousin dirige une armée sur la Crimée, je veux aller y moissonner des lauriers. Il se contenta de gagner le choléra et de prendre du repos à l'ombre des lauriers roses d'une villa.

Loin de nous l'idée de dire que le prince est poltron. Lui, manquer de courage! Allons donc! N'a-t-il pas refusé un duel avec le marquis Wielopolski. Il revint en France avec l'épée vierge de tout sang ennemi : ce qui le consola, c'est la mauvaise cuisine qu'on fait en Crimée.

Le drapeau tricolore flottant au Palais-Royal annonça son retour aux Parisiens. Les couleurs nationales semblaient dire au peuple : Je suis le phare du salut, votre plus grand citoyen, quand je réside au milieu de vous.

Le bon peuple en voyant la clarté des lustres du Palais-Royal, avait raison de s'écrier : Allons! le Prince Plon-Plon veille et boit du champagne pour nous.

Dans ses réunions se coudoient les Polonais, les Italiens, les Corses qui encensent leur Messie. Comme républicain, le prince prétend devoir posséder une foule de courtisans, de flatteurs; il leur verse l'eau bénite de cour; s'il ne réussit pas à orner leur boutonnière du ruban rouge, il leur donne du moins un bon souper.

Ce fut un triste réveil quand on vint lui annoncer qu'il devait assister à la naissance d'un enfant de France, d'un héritier du trône. Il se rendit aux Tuileries, mais il en sortit le cœur gros, plein d'amertume et il étudia même un froncement de sourcil à la manière de son grand-oncle.

Depuis lors, la rue de Rivoli est séparée du Palais Impérial par une montagne infranchissable. Entre les deux cousins, est un héritier du trône qui en grandissant a développé l'opposition républicaine du prince.

Quand éclata la guerre d'Italie, le ciel était moins sombre : une éclaircie passagère illumina le front de Plon-Plon ; il fut nommé membre du conseil de régence. Ce bonheur ne fut que de courte durée. Lorsque l'empereur se rendit en villégiature en Afrique, il confia son épouse et son fils au peuple : l'impératrice fut choisie pour régente, et on ne songea même pas à désigner le prince pour co-régent.

Il y eut tumulte au Palais-Royal. Les portes s'ouvrirent au flot des mécontents. Les dîners devinrent en quelque sorte quasi-clubistes. Le prince tenait à ce que le monde entier fut mis au courant de sa mauvaise humeur. L'occasion de la faire connaître se présenta. Une statue de Napoléon Ier devait être inaugurée sur l'une des places d'Ajaccio, lieu de sa naissance. Il alla en Corse prononcer un discours rouge-pourpre, qui émut et effraya presque l'Europe, et qui valut au prince une lettre courte et ferme de son cousin Napoléon III. Piqué au vif, Plon-Plon lui envoie sa démission de vice-président du Conseil-d'Etat et de ses autres charges, dans l'idée qu'il ne se résoudrait jamais à l'accepter. L'empereur l'accepta au grand étonnement du prince, qui de dépit se retira à Meudon; un vaisseau l'attendait; il ne lui resta plus qu'à fuir son ingrate patrie.

Paris ne se troubla pas : on ne fit pas de barricades, on ne détela pas ses chevaux pour l'empêcher de partir. La presse enregistra sans commentaire le fait; seul le *Journal officiel* rédigea un assez long entrefilet.

Sa femme, la princesse Clotilde, met autant de soin que possible à fuir toute popularité. Bienfaisante sans ostentation, pieuse sans tartufferie, modeste et pas prétentieuse, elle sait se faire respecter et aimer de ceux qui l'approchent. — Sa vertu est à l'abri de tout soupçon.

C'est à Stuttgard que le prince passa les plus belles années de sa jeunesse ; il n'était pas riche, ou plutôt il était riche en dettes. La dépense est un faible de la famille du prince Jérôme Bonaparte ; et puis Bade, Wiesbaden, Hombourg sont si près de Stuttgard. Le prince aimait le jeu, et quand l'argent manquait, des juifs mosaïques et chrétiens encourageaient par des prêts sa passion.

En ce temps vivait dans la ville où résidait le prince une jolie petite personne, une marchande de modes, nommée Mlle Héloïse R..., qui avait déjà mené une joyeuse vie à Paris, au Ranelagh et au Château-des-Fleurs. Elle était à cette époque une des ballerines en vogue ; mais sa renommée déclinant peu à peu, Mlle Héloïse eut la pensée d'aller en Russie pour y faire l'éducation de demoiselles nobles. Elle finit par obtenir une place de gouvernante dans la maison du comte Kochélé Poustoff. En attendant de se rendre à son poste, elle fit la connaissance d'un jeune prince auquel, dans ses moments perdus, elle donnait des leçons de français.

Un jour une berline s'arrêta devant l'hôtel qu'habitait Mlle Héloïse. Le comte de Kochélé Poustoff en descendit suivi de son épouse.

Le soir Mlle Héloïse apprenait du comte qu'il avait perdu une partie de ses biens en Russie, que la grêle, les épidémies épizootiques avaient ravagé vingt de ses villages; en un mot, qu'il ne lui était pas possible de confier ses enfants à sa surveillance.

La jeune fille se contenta de réclamer un dédit que le comte paya d'assez mauvaise grâce. Mais, au lieu d'aller à Paris cultiver le cancan, elle devint marchande de modes et de nouveautés; elle avait, en outre, l'éducation d'un jeune prince français.

Le professeur de langues avait quinze ans de plus que son élève et un atelier où se trouvait une collection de frais minois d'ouvrières, parmi lesquelles brillait surtout par sa beauté Clara Schumann, dont raffolaient les officiers wurtembergeois.

Le prince Napoléon ne fut pas insensible aux charmes de la modiste. Mlle Héloïse s'en aperçut et n'eut pas le mauvais goût d'en devenir jalouse. Elle lui dit : Prince, vous parlez sans doute l'allemand aussi mal que le français. Prenez donc des leçons, car j'épouse le baron W..., que vous avez remarqué quelquefois très-assidu auprès de moi.

Pendant ce temps, Clara Schumann aima le prince, sans arrière-pensée, tout comme si, un jour, un bon et régulier mariage eût dû légitimer cette liaison.

Hélas ! elle avait une rivale, une jeune fille romanesque, qui ne voyait pas dans le prince un viveur, un bon garçon, mais le neveu du grand Napoléon. Cette demoiselle était, du reste, baronne de vieille roche. Sa mère avait été dame d'honneur chez la princesse Catherine de Wurtemberg, épouse de Jérôme, roi de Westphalie.

Le prince, qui était folâtre et léger, mena de front ces deux amours. L'une était grande dame et l'autre grisette. Clara et Thusnelda se partageaient ses faveurs. Cette dernière rêvait donc une alliance avec le prince, en se promenant avec lui sous les allées des marronniers qui forment la belle promenade de Stuttgard à Carlstadt.

Un jour, deux officiers, ayant chacun une dame à leur bras, se croisent dans une allée. Une d'elles pousse un cri et s'évanouit. C'était la baronne Thusnelda, à qui des personnes charitables avaient appris les relations du prince avec Clara. Le lendemain, le prince Napoléon recevait un cartel d'un chef d'escadron, le comte de Landz. Le prince l'accepta et rendez-vous fut pris. Mais le soir, se rappelant qu'il y avait déjà longtemps qu'il n'avait vu sa sœur, à la veille d'épouser M. Anatole Demidoff, il partit pour Florence en laissant le soin à Thusnelda et à Clara de vider entr'elles cette affaire d'honneur.

Le prince alla donc prendre congé de sa sœur, et lier connaissance avec ce jeune beau-frère millionnaire.

On ignore ce qui se passa quand le comte de Landz se rendit avec ses témoins au rendez-vous, ni comment la baronne Thusnelda s'accommoda de cette absence. Quoiqu'il en advint, le prince Napoléon s'amusait à Florence, où vivait alors la marquise G..li, qui le vit à une soirée donnée par M. Demidoff dans sa villa féerique, bâtie sur les bords enchanteurs de l'Arno.

Le prince plut. Il s'occupait alors beaucoup plus d'aventures galantes que de politique. La bourse de son beau-frère, souvent mise à contribution, l'aida à nouer l'imbroglio d'un roman. Il voyait fréquemment la marquise G..li, mais il était inconstant, volage, et une autre dame russe, la princesse T., sut gagner son cœur. Il eut en même temps des relations avec l'une et l'autre, jusqu'au moment où la jalousie de l'italienne éclata. La marquise C..li voulait le prince tout à elle, sans partage.

Un jour qu'il rentrait dans son hôtel, situé sur la Strada, un homme se plaça devant lui et lui barra le passage. Le prince, qui est loin d'être courageux, s'appuya contre une porte mal fermée et alla rouler dans un sombre corridor. En ce moment, le bruit d'une balle se fait entendre. Fort heureusement, le prince n'avait pas encore eu le temps de se relever et dut la vie au hasard. On devine que ce coup de pistolet avait été commandé par la marquise G..li.

Le lendemain, ne se trouvant plus en sûreté à Florence, il quitta cette ville.

Suivre l'existence du prince jusqu'en 1848 serait fastidieux. Deux passions se disputent toute son énergie : l'amour et le jeu. Il sacrifie à l'une et à l'autre d'une façon dégoûtante.

La révolution de février trouva le prince dans de grands embarras financiers, Il fit la connaissance de Mlle Rachel, qui lui apprit à chanter *la Marseillaise*. A cette époque, il fréquentait son cousin Pierre, MM. Raspail, Paul de Kock, et il pensa à se présenter comme candidat à la présidence de la République, car il avait confiance en son masque napoléonien.

Ce gros prince flânait sur les boulevards, en compagnie de M. de R., où l'on distribuait des brochures bonapartistes.

Il croyait qu'il n'y avait de candidatures sérieuses que la sienne et celle de son cousin. Altesse, lui dit M. de R., en lui remettant un numéro du *Nain Jaune*, les agents de votre cousin travaillent à son succès; ils chauffent son élection : votre cousin se remue et fait se remuer bien des gens.

Le prince lut un article, devint très-pâle et froissa de dépit le numéro du journal qu'il jeta à terre.

En ce moment un vendeur criait à haute voix : « Demandez les dépêches télégraphiques arrivées de la province. Le prince Napoléon a obtenu 2,834,559 suffrages. » Ce n'était pas encore le résultat définitif, néanmoins le prince se troubla. M. de R. sentit son bras trembler ; il eut une attaque de nerfs. Il n'applaudit plus tard qu'à contre-cœur à cette élection, qui pourtant devait ouvrir à sa famille le chemin du pouvoir.

Le prince Napoléon a joué, on le sait, un triste rôle à l'Assemblée constituante. Il ne sut se montrer ni homme d'État, ni soldat. Il aimait mieux partager son temps avec Mlle Rachel, quelques rats de l'Opéra, Mlle W., l'anglaise qu'il aima pour imiter son cousin, qui aimait miss Steward, enfin avec Mme D., arrivée de la province. On disait partout que la médisance n'a jamais inventé une paternité au profit du prince.

Il est vrai qu'il n'habitait pas encore

le Palais-Royal, et que son budget ne lui permettait pas les folies auxquelles il s'est depuis livré. Jamais aucun homme politique n'eut avec lui un commerce assidu et ne vécut dans son intimité. C'est ainsi qu'il n'apprit, comme tout le monde, le coup d'Etat que le 3 décembre. Le prince Napoléon resta, après cette ignoble et sanglante tragédie, cousin de l'Empereur sans aucun droit à la succession éventuelle. Pendant des journées entières, il répétait le monologue d'Hamlet : *To be or no to be* (Etre ou n'être pas). Il fut cependant, par décret du 16 décembre 1853, reconnu prince de l'empire français et successeur éventuel, si le prince Jérôme, son père, n'était pas en état d'accepter la succession au trône.

Le fils fut ivre de joie. C'est alors qu'il commença à se créer cette cour dont on a beaucoup trop parlé.

Ce fut une bien belle soirée que celle dans laquelle le prince vint chez Mlle Rachel étaler ses plaques et son cordon de la Légion-d'Honneur. Cette réunion coûta à la tragédienne plus de 20,000 francs. Il est vrai que cette somme lui fut restituée par le prince impérial.

Dès le début de sa carrière politique qu'il embrassa, non par vocation, mais grâce aux événements, les velléités républicaines l'embarrassant, il s'en défit comme d'un manteau trop lourd.

La guerre de Crimée vint; il obtint non pas un commandement supérieur, mais la direction d'une division. On sait que le choléra l'éloigna du champ de bataille, ce dont il fut bien aise. Il préféra soigner sa santé et laisser aux Canrobert, aux Pélissier, aux Mac-Mahon, le soin de courtiser la victoire, tandis qu'il allait conjuguer le verbe aimer avec Mlle Rachel.

Quand on lui demandait des nouvelles de la guerre, à l'Opéra, il faisait taire les rats en leur donnant à grignotter des truffes : il leur remplissait la bouche de champagne pour les empêcher de parler. Ces questions indiscrètes le fatiguant, il alla en Allemagne.

On connaît ses aventures avec la brune Mariole.

On sait aussi l'anecdote dont il est le héros, qui lui advint quand il voulut imiter Henri IV. C'est la suite du *Roi s'amuse*, et pourrait s'intituler : *Le Prince s'amuse*. Le résultat de cette amourette fut quelques coups bien appliqués sur les épaules du lovelace semi-impérial.

Vaniteux à l'excès, il croyait présider aux destinées de la France et de l'Europe.

Un jour, le prince était occupé dans son cabinet à lire les bulletins de la guerre, lorsqu'un personnage entra. Après s'être assuré que les portes étaient bien fermées, il ôta sa fausse perruque et ses blonds favoris et lui dit : Me reconnaissez-vous, je suis le comte Orsini ; j'ai une lettre pour vous de la part de Mazzini, que je vais vous expliquer. En 1846, l'empereur était à Ham où il reçut ma visite. Le prince jura de délivrer l'Italie, et put ce même jour quitter le fort de Ham, gagner l'Angleterre, et, en 1848, nous l'avons aidé à parvenir au pouvoir, dont il a abusé en envoyant une armée en Italie, afin de subjuguer Rome. L'Italie, trompée par lui, tourne ses regards vers vous.

Le prince l'écoutait et voyait devant lui s'ouvrir un vaste champ à son ambition.

Si vous hésitez, continua Orsini, si vous ne voulez pas, nous prendrons le prince Murat qui ne demande pas mieux. Ce nom fit tressaillir le prince. On connaît la rivalité de ces deux grandes altesses, notamment à propos du choix de la place vacante au Grand-Orient, qui fut accordée à Vénus-Magnan, chose inouïe dans les annales de la franc-maçonnerie.

Pendant ce temps, Orsini regardait fixement le prince. Murat, ajouta-t-il prétend au trône de Naples. Pensez-vous qu'il refuserait?

Le prince ne répondit pas.

— Mais le roi de Sardaigne, mais Victor-Emmanuel? dit-il après.

Orsini se contenta de hausser les épaules.

— Que faut-il faire alors?

— Jurez d'être fidèle à notre cause, d'être notre chef quand le moment sera venu.

Rappelez-vous toutefois, avant de faire un serment, que notre parti est inexorable et terrible pour ceux qui le trahissent.

Lorsque cette longue conversation fut terminée, le prince rayonnait d'orgueil et d'espérance : Orsini croyait avoir gagné un partisan à sa cause.

Le prince ne revit plus Orsini, mais il songea longtemps à cette visite, surtout quand le prince impérial vint au monde et que l'empereur ne voulut pas lui confier la vice-royauté de l'Algérie. Il caressait toujours ses rêves, lorsque, le 24 février 1858, la place de l'Opéra, ou plutôt la rue Le Pelletier, fut le théâtre de l'attentat que l'on connaît. Orsini fut condamné à mort. La sœur du meurtrier, les femmes de Pierri et de Rudio assiégeaient le Palais-Royal; la princesse Mathilde intercédait auprès de l'impératrice, le prince Napoléon ne quittait plus le cabinet de l'empereur pour plaider la cause d'Orsini et obtenir sa grâce. Toutes ces tentatives furent inutiles, Orsini expia sur l'échafaud son crime. Encore une espérance déçue pour le prince Napoléon.

Mais reprenons la suite de cette histoire.

Une des conséquences des promesses faites au roi de Sardaigne, à l'époque de la guerre de Crimée, fut la guerre de 1859. Victor Emmanuel passa le Mincio pour jeter le gant à l'Autriche; nous débarquâmes en Italie et gagnâmes les combats de Magenta et de Solférino, et la paix de Villafranca termina cette sanglante bataille.

La vue d'un combat faisant peur au

prince Napoléon ou lui donnant le choléra, il aima mieux rester à Paris pour protéger Eugénie et son fils. Il était alors vice-président du conseil de régence.

Le prince, voyant la couronne de l'Italie lui échapper, se résigna à aller faire son tour d'Europe à la recherche d'une fiancée. Les princesses à épouser abondaient sur les marchés matrimoniaux. Grâce aux ambassadeurs, il avait réussi à se procurer toutes les photographies des princesses nubiles.

Il y avait en Allemagne la fille d'un roi régnant qui avait tenu à la famille de Napoléon Ier; elle était jeune et assez belle; les beaux yeux de sa cassette et surtout l'héritage qu'elle devait avoir décidèrent le prince à la rechercher, mais il échoua dans ses tentatives. Il feuilletait de dépit l'almanach de Gotha et notait les altesses à marier de seize à vingt-six ans.

A Turin, à la cour du roi d'Italie, vivait une jeune fille, modeste autant que sage, qui semblait pouvoir convenir au prince. Il partit donc pour Turin. La princesse pleura et demanda vainement grâce. Elle dut être sacrifiée à une politique impitoyable.

Le prince est poli avec elle, dit-on, mais c'est tout. Une froideur glaciale règne dans les rapports des deux époux dont les caractères sont si opposés, car il n'a jamais eu de relations qu'avec des dames d'une vertu souvent tarée qui portent haut leur front impudique : aussi, il la traite de bégueule, d'abbesse, de dame de charité. Il est inutile d'ajouter que la princesse Clotilde est sans la moindre influence sur l'esprit et sur la conduite politique de son auguste époux.

Une fois, par hasard, ils furent d'accord. C'était à l'époque de la guerre de Pologne ; lorsque le tocsin se fit entendre, les salons du Palais-Royal se remplirent de Polonais. Le signal de levée d'armes était à peine donné que deux camps ennemis ou du moins rivaux se formèrent à Paris. Le camp aristocratique et le camp démocratique, dont les quartiers-généraux furent l'hôtel Lambert et le Palais-Royal. On avait fait entrevoir au prince la couronne des Jagellans : celle de l'Italie lui ayant été escamotée, il voulait se dédommager avec une autre. C'est la comtesse Waleska qui fit entrevoir la première au prince la possibilité du sort qui l'attendait. Après bien des allées, bien des venues et des pourparlers, on répandit un jour le bruit que le trône de Varsovie était promis au prince. M. Owick qui était depuis quelque temps à Paris, où il était venu négocier l'affaire, repartit pour la Pologne : il se trouvait porteur de promesses du prince qui conduisirent de nouveau de nombreuses victimes à la boucherie.

Certes, le prince n'était pas complètement coupable de ces exterminations, car il servait de jouet aux mains de prétendus diplomates, qui s'amusaient de sa vanité, au détriment d'un pauvre et malheureux peuple.

L'ambition bourgeonnait néanmoins dans le crâne épais du gros prince. Il en fut, comme on dit vulgairement, pour ses frais. Néanmoins, il a joué un rôle funeste dans les destinées de cette malheureuse nation.

Cependant le prince impérial grandissait : il allait avoir dix ans, les cousins devenaient de plus en plus cérémonieux et guindés l'un vis-à-vis de l'autre. Ils se visitaient peu et seulement dans les circonstances exceptionnelles.

L'humeur du prince s'aigrissait, et son républicanisme tournait au rouge le plus vif.

Dans le but de consolider sa dynastie, Napoléon III a-t-il jamais sérieusement songé à son cousin. L'empereur flattait peut-être son ambition, et le discours d'Ajaccio n'est sans doute que le reflet, l'écho des Tuileries. Par les paroles du prince Napoléon, on prétendait, mais à tort, effrayer la bourgeoisie et rendre à tout jamais sa candidature au trône impossible.

Le traité de Vienne a certes subi de grands accrocs, mais il n'en est pas moins vrai qu'il existe encore de fait et de droit. Parmi les articles de ce contrat, on remarque celui qui dit que jamais un membre de la famille Bonaparte ne pourra porter une couronne. — Et pourtant Napoléon III a été accepté. On a dû se courber sous la honte du fait accompli.

L'empereur, voyant que les garanties ne seraient pas bien sérieuses pour la succession au trône du prince impérial, aurait voulu qu'un congrès européen, composé des principales puissances, effaçât tout ce qui a trait à la famille Bonaparte et stipulât les droits de son fils au trône de France; mais les Français, on le sait, tiennent peu compte des décisions d'un congrès et arborent à un moment donné le drapeau qui leur convient le mieux.

Mais revenons au prince. Il a laissé à

Stuttgard de tristes souvenirs. Si l'on parle de lui dans cette ville, on vous répond en vous racontant ses bonnes fortunes, ses folles aventures amoureuses, sa passion immodérée pour le jeu, affaires dans lesquelles il a compromis à jamais sa renommée.

Tout était bon pour ses appétits sensuels. Il y avait dans la capitale du Wurtemberg une jolie boulangère, à laquelle il allait faire sa cour. Le mari s'accommodait mal de ses visites ; il arriva même un jour au moment le plus tendre, et troubla le doux entretien du couple amoureux. Son goût artistique avait probablement poussé le peintre à imiter Raphaël, qui aima, on le sait, la belle Fornarina.

Le mari mécontent tira le fils du roi de Westphalie de derrière un pétrin où il s'était blotti. Il va sans dire qu'il traita l'amoureux, non pas en prince, mais en simple bourgeois. Il lui administra quelque part une correction dont Son Altesse a gardé le souvenir.

Le prince et l'argent sont en guerre. Le lansquenet lui laisse peu de ressources : le reste est grignoté par une collection de rongeurs du corps de ballet de l'opéra.

Son cousin lui est venu fréquemment en aide, mais du jour où le prince a fait de l'opposition on lui a coupé les subsides. Sa signature n'a qu'un cours ordinaire ; aussi est-il obligé d'emprunter à des conditions onéreuses, témoin le taux que lui imposa un juif portugais pour une centaine de mille francs.

Sa maison romaine prouva de quelle manière il savait dépenser ou pour mieux dire gaspiller l'argent. Cette fantaisie princière lui coûta cher. N'avait-il pas déjà le Palais-Royal ! Sans doute, le palais est une habitation officielle, il lui fallait un nid pour ses nombreuses amours, pour ses soupers fins et pour ses orgies.

Un jour qu'il visitait les travaux de sa construction romaine, il rencontra une de ses anciennes connaissances,

Clara Schumann, qu'il quitta, on se le rappelle, pour éviter un duel avec le comte Landz. Veuve, l'allemande rassembla quelques florins et partit pour Paris. Le prince ne la reconnut pas, tant elle était changée. Elle lui exposa sa situation précaire ; le prince se contenta de lui donner cinq pièces d'or et la congédia sous prétexte d'une affaire sérieuse.

Cette anecdote prouve évidemment que le prince n'a pas de cœur ; sa légèreté et son étourderie indiquent un personnage vulgaire, incapable d'un bon mouvement.

Une autre fois, il se promenait aux Champs-Elysées où il fut abordé par une femme au teint flétri. Le prince tira un billet de 500 fr. qu'il remit à cette coureuse de rues avec laquelle il avait eu commerce.

L'insouciance a toujours été le trait caractéristique de son caractère. Un régent pareil eût infailliblement conduit la France aux abimes.

Dans ces derniers temps, avant qu'il n'allât habiter Meudon, on causait dans son salon de l'expédition du Mexique dont il n'était pas l'adversaire. On parlait aussi de la Sonora et des autres provinces des Etats-Unis. Tant mieux, dit-il, en arpentant de long en large son salon, les Français sont occupés, ils s'y acclimateront comme en Algérie, et quand aux millions dépensés, la France est assez riche pour payer sa gloire.

Mais, répondit M. L..., si elle ne veut pas la payer.

Si elle ne veut pas, fit le prince? Sachez qu'un peuple ne peut pas vouloir, il n'a qu'à obéir.

Cette réplique donne la mesure de ses sentiments républicains.

Dans une autre circonstance, on parlait de la République de 1848; on citait les Armand Marrast, les Proudhon et autres membres du gouvernement provisoire, morts à l'étranger ou pauvres en France.

Le prince se mêla à la conversation

en disant : C'étaient des imbéciles ; ils avaient à leur disposition toutes les caisses, ils auraient dû y puiser largement.

Cette anecdote dépeint exactement la mauvaise nature de Son Altesse.

Lorsqu'après son discours d'Ajaccio il revint tout fier à Paris, la froideur s'établit entre le Palais-Royal et les Tuileries. Plus de visites, plus aucun rapport. Un certain soir, quelqu'un vint le trouver pour lui annoncer que l'impératrice voulait le faire enfermer au fort de Ham. Au lieu de rire de cette menace, il se troubla, devint blême de peur et eut même l'idée de s'enfuir à Prangins. Sa femme l'en empêcha. Son aversion pour l'impératrice s'en accrut.

Les divers faits que nous avons cités sur le prince Napoléon témoignent hautement qu'il n'est et ne peut être un apôtre de la Liberté, et que l'immortelle déesse courrait risque d'être décapitée si jamais il pouvait la tenir.

La marche des événements prouve l'inconstance du caractère du prince. Assez souple quand les occasions lui permettent de se courber, ambitieux et ami des grandeurs, il est à la fois le plus terrible, le plus dangereux des cousins, comme il est, à de certains moments, le plus docile et le plus accommodant. C'est tantôt un trouble fête, un rabat-joie de la dynastie impériale, tantôt un bouc émissaire des plus complaisants, qui se charge des péchés de son auguste cousin, un paratonnerre destiné à protéger les Tuileries des tempêtes populaires.

Excessivement versatile, tout à l'heure présente, il est prêt à s'embarquer pour faire le tour du monde ou à se retirer dans son domaine de Prangins afin d'y pleurnicher les fautes de sa vie politique.

On le croyait parti, lorsque les journaux apportent la nouvelle qu'il est débarqué à Cardiff dans le duché de Galles, où il voyage pour son plaisir sous le nom de comte de Meudon. Ce titre, il l'a pris d'une terre qu'il possède dans ce petit village : il n'a trouvé rien de mieux à faire que de l'ériger, au nom de sa toute puissance, en comté. On n'est pas simple mortel et on en profite pour se confectionner des titres nobiliaires.

Quant à la brouille sérieuse avec son cousin, après le discours d'Ajaccio, personne n'y a ajouté foi : c'est une comédie à deux personnages que l'on joue devant le public pour le tromper. Triste moyen de lui faire croire de faux mensonges. Le peuple n'est jamais dupe des agissements d'une politique de saltimbanque. Il rit ou hausse les épaules de ces balivernes, et refuse cette fausse monnaie qu'on veut lui faire passer pour bonne.

Il nous est impossible de ne pas rappeler le mot du prince lorsqu'il prit congé de ses intimes au Palais-Royal, avant son départ pour Meudon. Il venait de rendre visite à Napoléon III : les deux cousins s'étaient faits leurs adieux ;

l'empereur était très-animé ; le prince, au contraire, paraissait très-embarrassé et très-abattu. Il n'en était rien.

En entrant au salon, il sifflait avec une expression sardonique l'air de Lucie : *Oh patria!* Après quoi il harangua ses amis à peu près en ces termes :

Adieu, je pars; je vais dans un exil perpétuel, à Prangins ; ne faites pas, je vous prie, de calembours en disant que j'ai été condamné au *pranger*. (On sait qu'en allemand pranger veut dire pilori.

Peu perspicace, il aurait dû se faire conseiller avant de prendre le titre d'un comte qui n'était pas pour lui un incognito suffisant. Comte de Meudon! En vérité, qu'importe au peuple de Galles qu'il soit Napoléon ou autre chose! Imitateur à l'excès, singeant les tics et les manies monarchiques, il se rappela que feu Louis-Philippe avait pris dans le temps le titre de comte de Neuilly. C'est ce qui le décida pour jouer le rôle de souverain banni qu'il n'a jamais eu. Cette farce grossière et les actes ridicules qui la suivirent dans ce voyage de Cardiff eut donné une idée bien juste de sa conduite. Qui peut croire au républicanisme du prince?

Ces mystifications sont combinées avec son cher cousin qui aime à se servir du prince quand il en a besoin, afin de le rendre impossible. Et l'étourdi a toujours donné dans le panneau; il joue le rôle de Raton tirant les marrons du feu au bénéfice du singe Bertrand.

Les contes des couronnes de Pologne et d'Italie sont des appâts pour le mieux duper. Celle de Pologne, à laquelle il faisait les doux yeux, il eut bien voulu l'obtenir.

L'homme le plus capable qui eut peut-être pu rendre de sérieux services à la dynastie impériale c'est le prince Charles Napoléon. C'est parce qu'il a du talent et des capacités politiques que Napoléon III le tient éloigné du pays, tandis que son parent Westphalien qui n'est pas susceptible de lui porter le moindre ombrage est supporté. Jamais en présence du prince on ne cite les noms de ses cousins : les nommer serait à coup sûr le moyen infaillible de tomber à tout jamais en disgrâce.

La princesse Clotilde, a au contraire, de vives sympathies pour sa famille adoptive, surtout pour celles de Pepoli et de Ruspeli avec lesquelles elle a toujours eu d'excellentes relations, quand elle habitait l'Italie.

Un jour elle parlait à son époux des Bonaparte, des membres survivants qu'elle ne pouvait voir. Le prince devint pâle de colère et se fâcha tout rouge d'un pareil regret.

La seule parente qu'il fréquente est la fille excentrique du ci-devant ambassadeur anglais à Athènes, Marie Wyse, qui a divorcé avec le photographe alsacien Solms et s'est depuis mariée avec un ministre italien. On va même jusqu'à dire qu'il était son secrétaire, lorsque cette dame écrivit le pamphlet contre

M. Schneider, alors vice-président du Corps législatif.

Jamais, il faut le dire, même sous le Roi-Soleil, et du temps du Parc-aux-Cerfs, ce royal lupanar, on ne vit en France une aussi grande démoralisation, une débauche plus dégoûtante et plus effrontée que celle qui s'est établie pendant dix-huit ans à Paris. Conséquence du gouvernement étayé par le crime, née après le coup d'Etat du 2 décembre, elle s'est étendue sur toutes les classes de la société et les a toutes gangrenées. C'est la cour fastueuse qui donnait l'exemple : les altesses impériales, au nombre desquelles se trouvait la princesse Mathilde, faisaient métier de prostitution. Le vice, comme un poison subtil, a gagné la noblesse, où la grande dame se vend pour un cachemire et ne se trouve ni honnie, ni méprisée, ni mise au ban de l'opinion publique, tandis que la fille du peuple qui se livre souvent par pauvreté, pour avoir un morceau de pain à donner à ses enfants, est repoussée et ne trouve même pas une place dans un atelier pour y gagner sa vie!!!

A l'époque des élections, le prince se décida à partir pour le duché de Galles au lieu de se retirer dans sa terre de Prangins. On se demande ce qui le décida à faire ce choix. La réponse est facile à faire. En Suisse, il y avait trop de journaux et de républicains ; l'odyssée du prince fut bientôt devenue le secret de Polichinelle, tandis qu'en Angleterre ni le *Times*, ni le *Daily-News*, ne se seraient mis en frais pour expédier un *reporter* chargé de suivre son itinéraire et d'informer le public des faits et gestes du prince.

Il prit son beau yacht *le Jérôme Bonaparte*. La vérité est que s'il s'est éloigné, c'est uniquement pour faire parler de lui : il aime le bruit, la réclame, la publicité. S'il pouvait en partant ou en rentrant à Paris se faire accompagner par une grosse caisse, il paierait sûrement bien cher le pitre qui voudrait faire la parade.

Tout ce qui précède démontre clairement qu'on ne peut pas prendre au sérieux le prince. On ne se laisse pas toujours tromper par des mots, témoin le discours d'Ajaccio. *Mourir pour la patrie* est une de ces phrases sonores dont abonde cette longue tartine politique, mais elle est vide de sens dans la bouche du prince qui n'est pas, on le sait, des plus courageux, et qui s'est empressé, au commencement de notre guerre avec la Prusse, de se tenir à l'écart afin de ne pas se battre.

Quoi qu'il en soit, le prince se croit destiné à un trône. Il ne cache pas ses intentions ; l'ambition lui est venue un peu tard, en 1852 ; la politique, avant cette époque, ne le préoccupait pas. Il était, on l'a vu, tout entier au jeu, à la bombance, à la bonne chère et aux aventures galantes.

Ce n'est que lorsque son cousin le nomma prince de l'Empire qu'il se sentit des velléités de pouvoir et de toute puissance; les flatteurs encouragèrent ses travers en se groupant autour de lui ; ils formèrent le noyau d'une petite cour qui encouragea sa vanité.

C'est alors qu'il joua le rôle de Mécène, qu'il se mit dans l'esprit de protéger les arts et les artistes et qu'il rêva de passer à la postérité comme Auguste. Néanmoins, le prince n'a jamais eu bon goût en matière littéraire et artistique. Il aime le luxe, la verroterie, la dorure et tout le bric-à-brac théâtral. Mais les connaissances sérieuses lui manquant, il restera toujours vulgaire et ignorant et justifiera le sobriquet de Plon-Plon.

Livres interdits sous l'Empire et nouveautés.

1. Biographie de S. M. Kirpatrik Théba de Montijo.
2. Biographie de Verhuell Napoléon III.
3. Biographie du prince Napoléon.
4. Biographie de la princesse Mathilde Demidoff.
5. Le roi Jérôme et sa cour.
6. Chansons antibonapartistes.
7. Le duc d'Aumale à Napoléon III : Qu'avez-vous fait de la France?
8. Les Crimes de Bonaparte.
9. Les Nuits de Saint-Cloud.
10. Le Despote.
11. L'Escamotage d'un trône.
12. Les Tyrans démasqués, recueil d'anecdotes historiques, épigrammes, chansons, etc., inédites ou peu connues, sur les turpitudes du premier et second Empire.
13. Les Amours de Napoléon III, ou les Secrets de l'alcôve.
14. Les Châtiments, par V. Hugo
15. Napoléon le Petit.
16. La Voix de Guernesey.
17. Le Serment.
18. Le Christ au Vatican.

Livres interdits sous l'Empire et nouveautés

1. Biographie de S. M. Kirkpatrick Théba de Montijo.
2. Biographie de Verhuell Napoléon III.
3. Biographie du prince Napoléon.
4. Biographie de la princesse Mathilde Demidoff.
5. Le roi Jérôme et sa cour.
6. Chansons antibonapartistes.
7. Le duc d'Aumale à Napoléon III. — Qu'avez-vous fait de la France?
8. Les Crimes de Bonaparte.
9. Les Nuits de Saint-Cloud.
10. Le Despote.
11. L'Escamotage d'un trône.
12. Les [illegible] de Bonaparte, recueil de pièces historiques, épigrammes, chansons, etc., inédites ou peu connues, sur les turpitudes du premier et second Empire.
13. Les Amours de Napoléon III, ou les Secrets de l'alcôve.
14. Les Châtiments, par V. Hugo.
15. Napoléon le Petit.
16. La Voix de Guernesey.
17. Le [illegible].
18. Le [illegible] au Vatican.

www.ingramcontent.com/pod-product-compliance
Ingram Content Group UK Ltd.
Pitfield, Milton Keynes, MK11 3LW, UK
UKHW012109240726
13965UKWH00004B/1653